화엄경 제6권 여래현상품 해설

여래 현상품에서는 모든 보살들이 생각 속에서 질문하였다.

① 어떤 것이 불지(佛地)이고 ② 불경계(佛境界)이며 ③ 불가지(佛加持)이고 ④ 불행(佛行)이며 ⑤ 힘(佛力)이고 ⑥ 무소외(無所畏)이며 ⑦ 삼매(三昧)이고 ⑧ 신통(神通)이며 ⑨ 자재(自在)이고 ⑩ 섭취(攝取)이며 ⑪ 눈(眼) ⑫ 귀(耳) ⑬ 코(鼻) ⑭ 혀(舌) ⑮ 몸(身) ⑯ 뜻(意) ⑰ 신광(身光) ⑱ 광명(光明)이며 ⑲ 소리(音)이고 ⑳ 지혜(知慧)인가. (pp.1~3)

또 ① 세계이고 ② 중생 ③ 법계 ④ 불바다(佛海) ⑤ 바라밀 ⑥ 해탈 ⑦ 변화 ⑧ 연설 ⑨ 명호 ⑩ 수량 ⑪ 서원 ⑫ 발취(發趣) ⑬ 조도(助道) ⑭ 승(乘) ⑮ 행 ⑯ 출리(出離) ⑰ 신통 ⑱ 바라밀 ⑲ 지(地) ⑳ 지혜일까 의심하자 그들 모든 보살들의 공양구에서 노래 소리가 들려왔다. (pp.3~5)

이렇게 5p부터 19p까지 노래가 끝난 뒤 공양이 마쳐지자 제1세계에 대한 답변이 20p "소위(所謂)"로부터 시작하여 화장세계 동(20p)·남(23p)·서(27p)·북(31p)·동북(35p)·동남(39p)·서남(43p)·서북(46p)·하방(50p)·상방(54p) 세계, 10억 불찰세계가 소개되자 그곳에서 온 보살님들이 각기 방향을 따라 앉아 광명을 놓으며 각기 자기 세계에 대한 소개를 마치고 노래를 불렀다. (pp.67~73)

그때 부처님께서 여래의 끝없는 경계와 신통력을 보이고져 미간에서 광명을 놓으니 갖가지 광명과 구름이 일어나 그들 모든 세계를 돌고 발 밑으로 들어가 큰 연꽃을 펼친 10종 장엄을 일으키니 미진수 보살님들이 우요삼잡 후 모두 그 자리에 앉아서 부처님의 위신력으로 각각 찬탄하였다. (pp.73~119)

이것이 부처님의 경계이고 삼매이며 가지(加持)이다.

如來現相品 第二
爾時諸菩薩及一切世間
主作是思惟云何是諸佛地
云何是諸佛境界云何是諸
佛加持云何是諸佛所行云
何是諸佛力云何是諸佛無
所畏云何是諸佛三昧云何

是諸佛神通云何是諸佛自
시제불신통운하시제불자

在云何是諸佛無能攝取
재운하시제불무능섭취

云何是諸佛眼云何是諸
운하시제불안운하시제

佛耳云何是諸佛鼻云何是
불이운하시제불비운하시

諸佛舌云何是諸佛身云何
제불설운하시제불신운하

是諸佛意云何是諸佛身光
시제불의운하시제불신광

云何是諸佛光明云何是諸
운하시제불광명운하시제

佛(불)聲(성)云(운)何(하)是(시)諸(제)佛(불)智(지)唯(유)願(원)世(세)
尊(존)哀(애)愍(민)我(아)等(등)開(개)示(시)演(연)說(설)
又(우)十(시)方(방)世(세)界(계)海(해)一(일)切(체)諸(제)佛(불)
皆(개)爲(위)諸(제)菩(보)薩(살)說(설)世(세)界(계)海(해)衆(중)生(생)
海(해)法(법)界(계)安(안)立(립)海(해)佛(불)海(해)佛(불)波(바)羅(라)
密(밀)海(해)佛(불)解(해)脫(탈)海(해)佛(불)變(변)化(화)海(해)佛(불)
演(연)說(설)海(해)佛(불)名(명)號(호)海(해)佛(불)壽(수)量(량)海(해)

及一切菩薩誓願海一切菩
급일체보살서원해일체보

薩發趣海一切菩薩助道海
살발취해일체보살조도해

一切菩薩乘海一切菩薩行
일체보살승해일체보살행

海一切菩薩出離海一切菩
해일체보살출리해일체보

薩神通海一切菩薩波羅蜜
살신통해일체보살바라밀

海一切菩薩地海一切菩薩
해일체보살지해일체보살

智海願佛世尊亦爲我等如
지해원불세존역위아등여

是(시) 而(이) 說(설)

爾(이) 時(시) 諸(제) 菩(보) 薩(살) 威(위) 神(신) 力(력) 故(고) 於(어)

一(일) 切(체) 供(공) 養(양) 具(구) 雲(운) 中(중) 自(자) 然(연) 出(출) 音(음)

而(이) 說(설) 頌(송) 言(언)

無(무) 量(량) 劫(겁) 中(중) 修(수) 行(행) 滿(만)

菩(보) 提(리) 樹(수) 下(하) 成(성) 正(정) 覺(각)

爲(위) 度(도) 衆(중) 生(생) 普(보) 現(현) 身(신)

如雲充徧盡未來
여운충변진미래

衆生有疑皆使斷
중생유의개사단

廣大信解悉令發
광대신해실령발

無邊際苦普使除
무변제고보사제

諸佛安樂咸令證
제불안락함령증

菩薩無數等刹塵
보살무수등찰진

俱來此會同瞻仰
구래차회동첨앙

願隨其意所應受
원수기의소응수

演說妙法除疑惑
연설묘법제의혹

云何了知諸佛地
운하료지제불지

云何觀察如來境
운하관찰여래경

佛所加持無有邊
불소가지무유변

願示此法令清淨
원시차법령청정

云何是佛所行處
운하시불소행처

而以智慧能明入 (이이지혜능명입)
佛力淸淨廣無邊 (불력청정광무변)
爲諸菩薩應開示 (위제보살응개시)
云何廣大諸三昧 (운하광대제삼매)
云何淨治無畏法 (운하정치무외법)
神通力用不可量 (신통력용불가량)
願隨衆生心樂說 (원수중생심락설)

諸佛法王如世主 제불법왕여세주
所行自在無能制 소행자재무능제
及餘一切廣大法 급여일체광대법
爲利益故當開演 위이익고당개연
佛眼云何無有量 불안운하무유량
耳鼻舌身亦復然 이비설신역부연
意無有量復云何 의무유량부운하

願示能知此方便
원시능지차방편

如諸刹海衆生海
여제찰해중생해

法界所有安立海
법계소유안립해

及諸佛海亦無邊
급제불해역무변

願爲佛子咸開暢
원위불자함개창

永出思議衆度海
영출사의중도해

普入解脫方便海
보입해탈방편해

所有一切法門海
소유일체법문해

此道場中願宣說
차도량중원선설

爾時世尊知諸菩薩心之
이시세존지제보살심지

所念卽於面門衆齒之間放
소념즉어면문중치지간방

佛刹微塵數光明所謂衆寶
불찰미진수광명소위중보

華徧照光明出種種音莊嚴
화변조광명출종종음장엄

法界光明垂布微妙雲光明
법계광명수포미묘운광명

사경의 공덕은 십만억 부처님께 공양한 것과 같은 공덕이 있습니다.

十方佛坐道場現神變光明
시방불좌도량현신변광명

一切寶焰雲蓋光明充滿法
일체보염운개광명충만법

界無礙光明徧莊嚴一切佛
계무애광명변장엄일체불

刹光明迥建立淸淨金剛寶
찰광명형건립청정금강보

幢光明普莊嚴菩薩衆會道
당광명보장엄보살중회도

場光明妙音稱揚一切佛名
량광명묘음칭양일체불명

號光明
호광명

如(여)是(시)等(등)佛(불)刹(찰)微(미)塵(진)數(수)一(일)一(일)
復(부)有(유)佛(불)刹(찰)微(미)塵(진)數(수)光(광)明(명)以(이)爲(위)
眷(권)屬(속)其(기)光(광)悉(실)具(구)衆(중)妙(묘)寶(보)色(색)普(보)
照(조)十(시)方(방)各(각)一(일)億(억)佛(불)刹(찰)微(미)塵(진)數(수)
世(세)界(계)海(해)彼(피)世(세)界(계)海(해)諸(제)菩(보)薩(살)衆(중)
於(어)光(광)明(명)中(중)各(각)得(득)見(견)此(차)華(화)藏(장)莊(장)
嚴(엄)世(세)界(계)海(해)

以佛神力其光於彼一切
이불신력기광어피일체

菩薩衆會之前而說頌言
보살중회지전이설송언

無量劫中修行海
무량겁중수행해

供養十方諸佛海
공양시방제불해

化度一切衆生海
화도일체중생해

今成妙覺徧照尊
금성묘각변조존

毛孔之中出化雲
모공지중출화운

光明普照於十方 (광명보조어시방)
應受化者咸開覺 (응수화자함개각)
令趣菩提淨無礙 (영취보리정무애)
佛昔往來諸趣中 (불석왕래제취중)
教化成熟諸群生 (교화성숙제군생)
神通自在無邊量 (신통자재무변량)
一念皆令得解脫 (일념개령득해탈)

摩(마)尼(니)妙(묘)寶(보)菩(보)提(리)樹(수)
種(종)種(종)莊(장)嚴(엄)悉(실)殊(수)特(특)
佛(불)於(어)其(기)下(하)成(성)正(정)覺(각)
放(방)大(대)光(광)明(명)普(보)威(위)耀(요)
大(대)音(음)震(진)吼(후)徧(변)十(시)方(방)
普(보)爲(위)弘(홍)宣(선)寂(적)滅(멸)法(법)
隨(수)諸(제)衆(중)生(생)心(심)所(소)樂(락)

사경의 공덕은 십만억 부처님께 공양한 것과 같은 공덕이 있습니다.

種種方便令開曉 (종종방편령개효)

往修諸度皆圓滿 (왕수제도개원만)

等於千刹微塵數 (등어천찰미진수)

一切諸力悉已成 (일체제력실이성)

汝等應往同瞻禮 (여등응왕동첨례)

十方佛子等刹塵 (시방불자등찰진)

悉共歡喜而來集 (실공환희이래집)

已雨諸雲爲供養
이우제운위공양

今在佛前專覲仰
금재불전전근앙

如來一音無有量
여래일음무유량

能演契經深大海
능연계경심대해

普雨妙法應群心
보우묘법응군심

彼兩足尊宜往見
피양족존의왕견

三世諸佛所有願
삼세제불소유원

菩提樹下皆宣說
보리수하개선설

一刹那中悉現前
일찰나중실현전

汝可速詣如來所
여가속예여래소

毘盧遮那大智海
비로자나대지해

面門舒光無不見
면문서광무불견

今待衆集將演音
금대중집장연음

汝可往觀聞所說
여가왕관문소설

사경의 공덕은 십만억 부처님께 공양한 것과 같은 공덕이 있습니다.

爾時十方世界海一切衆
이시시방세계해일체중

會蒙佛光明所開覺已各共
회몽불광명소개각이각공

來詣毘盧遮那如來所親近
래예비로자나여래소친근

供養所謂此華藏莊嚴世界
공양소위차화장장엄세계

海東次有世界海名清淨光
해동차유세계해명청정광

蓮華莊嚴彼世界種中有國
연화장엄피세계종중유국

土名摩尼瓔珞金剛藏佛號
토명마니영락금강장불호

法(법)水(수)覺(각)虛(허)空(공)無(무)邊(변)王(왕)於(어)彼(피)如(여)
來(래)大(대)衆(중)海(해)中(중)有(유)菩(보)薩(살)摩(마)訶(하)薩(살)
名(명)觀(관)察(찰)勝(승)法(법)蓮(연)華(화)幢(당)與(여)世(세)界(계)
海(해)微(미)塵(진)數(수)諸(제)菩(보)薩(살)俱(구)來(래)詣(예)佛(불)
所(소)各(각)現(현)十(십)種(종)菩(보)薩(살)身(신)相(상)雲(운)徧(변)
滿(만)虛(허)空(공)而(이)不(불)散(산)滅(멸)復(부)現(현)十(십)種(종)
雨(우)一(일)切(체)寶(보)蓮(연)華(화)光(광)明(명)雲(운)復(부)現(현)

界 계	十 십	種 종	復 부	珞 락	日 일	十 십
海 해	種 종	塗 도	現 현	雲 운	輪 륜	種 종
微 미	一 일	香 향	十 십	復 부	光 광	須 수
塵 진	切 체	燒 소	種 종	現 현	雲 운	彌 미
數 수	香 향	香 향	末 말	十 십	復 부	寶 보
諸 제	樹 수	衆 중	香 향	種 종	現 현	峰 봉
供 공	雲 운	色 색	樹 수	一 일	十 십	雲 운
養 양	如 여	相 상	雲 운	切 체	種 종	復 부
雲 운	是 시	雲 운	復 부	音 음	寶 보	現 현
悉 실	等 등	復 부	現 현	樂 악	華 화	十 십
徧 변	世 세	現 현	十 십	雲 운	瓔 영	種 종

虛空而不散滅現是雲已向 (허공이불산멸현시운이향)
佛作禮以爲供養卽於東方 (불작례이위공양즉어동방)
各化作種種華光明藏師子 (각화작종종화광명장사자)
之座於其座上結跏趺坐 (지좌어기좌상결가부좌)
此華藏世界海南次有世 (차화장세계해남차유세)
界海名一切寶月光明莊嚴 (계해명일체보월광명장엄)
藏彼世界種中有國土名無 (장피세계종중유국토명무)

邊(변)光(광)圓(원)滿(만)莊(장)嚴(엄)佛(불)號(호)普(보)智(지)光(광)
明(명)德(덕)須(수)彌(미)王(왕)於(어)彼(피)如(여)來(래)大(대)衆(중)
海(해)中(중)有(유)菩(보)薩(살)摩(마)訶(하)薩(살)名(명)普(보)照(조)
法(법)海(해)慧(혜)與(여)世(세)界(계)海(해)微(미)塵(진)數(수)諸(제)
菩(보)薩(살)俱(구)來(내)詣(예)佛(불)所(소)各(각)現(현)十(십)種(종)
一(일)切(체)莊(장)嚴(엄)光(광)明(명)藏(장)摩(마)尼(니)王(왕)雲(운)
偏(변)滿(만)虛(허)空(공)而(이)不(불)散(산)滅(멸)復(부)現(현)十(십)

種(종) 雨(우) 一(일) 切(체) 寶(보) 莊(장) 嚴(엄) 具(구) 普(보) 照(조) 耀(요)
摩(마) 尼(니) 王(왕) 雲(운) 復(부) 現(현) 十(십) 種(종) 寶(보) 焰(염) 熾(치)
然(연) 稱(칭) 揚(양) 佛(불) 名(명) 號(호) 摩(마) 尼(니) 王(왕) 雲(운) 復(부)
現(현) 十(십) 種(종) 說(설) 一(일) 切(치) 佛(불) 法(법) 摩(마) 尼(니) 王(왕)
雲(운) 復(부) 現(현) 十(십) 種(종) 衆(중) 妙(묘) 樹(수) 莊(장) 嚴(엄) 道(도)
場(량) 摩(마) 尼(니) 王(왕) 雲(운) 復(부) 現(현) 十(십) 種(종) 寶(보) 光(광)
普(보) 照(조) 現(현) 衆(중) 化(화) 佛(불) 摩(마) 尼(니) 王(왕) 雲(운) 復(부)

現十種普現一切道場莊嚴
현십종보현일체도량장엄

像摩尼王雲復現十種密焰
상마니왕운부현십종밀염

燈說諸佛境界摩尼王雲復
등설제불경계마니왕운부

現十種不思議佛刹宮殿像
현십종불사의불찰궁전상

摩尼王雲復現十種普現三
마니왕운부현십종보현삼

世佛身像摩尼王雲如是等
세불신상마니왕운여시등

世界海微塵數摩尼王雲悉
세계해미진수마니왕운실

徧(변)虛(허)空(공)而(이)不(불)散(산)滅(멸)現(현)是(시)雲(운)已(이)
向(향)佛(불)作(작)禮(례)以(이)爲(위)供(공)養(양)卽(즉)於(어)南(남)
方(방)各(각)化(화)作(작)帝(제)青(청)寶(보)閻(염)浮(부)檀(단)金(금)
蓮(연)華(화)藏(장)師(사)子(자)之(지)座(좌)於(어)其(기)座(좌)上(상)
結(결)跏(가)趺(부)坐(좌)
此(차)華(화)藏(장)世(세)界(계)海(해)西(서)次(차)有(유)世(세)
界(계)海(해)名(명)可(가)愛(애)樂(락)寶(보)光(광)明(명)彼(피)世(세)

사경의 공덕은 십만억 부처님께 공양한 것과 같은 공덕이 있습니다.

寶 보	俱 구	嚴 엄	薩 살	嚴 엄	資 자	界 계
香 향	來 래	與 여	摩 마	於 어	身 신	種 종
衆 중	詣 예	世 세	訶 하	彼 피	具 구	中 중
妙 묘	佛 불	界 계	薩 살	如 여	佛 불	有 유
華 화	所 소	海 해	名 명	來 래	號 호	國 국
樓 누	各 각	微 미	月 월	大 대	香 향	土 토
閣 각	現 현	塵 진	光 광	衆 중	焰 염	名 명
雲 운	十 십	數 수	香 향	海 해	功 공	出 출
徧 변	種 종	諸 제	焰 염	中 중	德 덕	生 생
滿 만	一 일	菩 보	普 보	有 유	寶 보	上 상
虛 허	切 체	薩 살	莊 장	菩 보	莊 장	妙 묘

空而不散滅復現十種無邊
공이불산멸부현십종무변

色相衆寶王樓閣雲復現十
색상중보왕누각운부현십

種寶燈香焰樓閣雲復現十
종보등향염누각운부현십

種一切眞珠樓閣雲復現十
종일체진주루각운부현십

種一切寶華樓閣雲復現十
종일체보화루각운부현십

種寶瓔珞莊嚴樓閣雲復現
종보영락장엄루각운부현

十種普現十方一切莊嚴光
십종보현시방일체장엄광

滅 멸	數 수	樓 누	樓 누	種 종	末 말	明 명
現 현	樓 누	閣 각	閣 각	衆 중	間 간	藏 장
是 시	閣 각	雲 운	雲 운	寶 보	錯 착	樓 루
雲 운	雲 운	如 여	復 부	周 주	莊 장	閣 각
已 이	悉 실	是 시	現 현	徧 변	嚴 엄	雲 운
向 향	徧 변	等 등	十 십	十 시	樓 루	復 부
佛 불	虛 허	世 세	種 종	方 방	閣 각	現 현
作 작	空 공	界 계	華 화	一 일	雲 운	十 십
禮 례	而 이	海 해	門 문	切 체	復 부	種 종
以 이	不 불	微 미	鐸 탁	莊 장	現 현	衆 중
爲 위	散 산	塵 진	網 망	嚴 엄	十 십	寶 보

供(공)養(양)卽(즉)於(어)西(서)方(방)各(각)化(화)作(작)眞(진)金(금)
葉(엽)大(대)寶(보)藏(장)師(사)子(자)之(지)座(좌)於(어)其(기)座(좌)
上(상)結(결)跏(가)趺(부)坐(좌)
此(차)華(화)藏(장)世(세)界(계)海(해)北(북)次(차)有(유)世(세)
界(계)海(해)名(명)毘(비)琉(유)璃(리)蓮(연)華(화)光(광)圓(원)滿(만)
藏(장)彼(피)世(세)界(계)種(종)中(중)有(유)國(국)土(토)名(명)優(우)
鉢(발)羅(라)華(화)莊(장)嚴(엄)佛(불)號(호)普(보)智(지)幢(당)音(음)

사경의 공덕은 십만억 부처님께 공양한 것과 같은 공덕이 있습니다.

王於彼如來大衆海中有菩
왕어피여래대중해중유보

薩摩訶薩名師子奮迅光明
살마하살명사자분신광명

與世界海微塵數諸菩薩俱
여세계해미진수제보살구

來詣佛所各現十種一切香
래예불소각현십종일체향

摩尼衆妙樹雲徧滿虛空而
마니중묘수운변만허공이

不散滅復現十種密葉妙香
불산멸부현십종밀엽묘향

莊嚴樹雲復現十種化現一
장엄수운부현십종화현일

切(체) 無(무) 邊(변) 色(색) 相(상) 樹(수) 莊(장) 嚴(엄) 樹(수) 雲(운) 復(부)
現(현) 十(십) 種(종) 一(일) 切(체) 華(화) 周(주) 布(포) 莊(장) 嚴(엄) 樹(수)
雲(운) 復(부) 現(현) 十(십) 種(종) 一(일) 切(체) 寶(보) 焰(염) 圓(원) 滿(만)
光(광) 莊(장) 嚴(엄) 樹(수) 雲(운) 復(부) 現(현) 十(십) 種(종) 現(현) 一(일)
切(체) 栴(전) 檀(단) 香(향) 菩(보) 薩(살) 身(신) 莊(장) 嚴(엄) 樹(수) 雲(운)
復(부) 現(현) 十(십) 種(종) 現(현) 往(왕) 昔(석) 道(도) 場(량) 處(처) 不(불)
思(사) 議(의) 莊(장) 嚴(엄) 樹(수) 雲(운) 復(부) 現(현) 十(십) 種(종) 衆(중)

華 화	卽 즉	是 시	樹 수	樹 수	現 현	寶 보
藏 장	於 어	雲 운	雲 운	雲 운	十 십	衣 의
師 사	北 북	已 이	悉 실	如 여	種 종	服 복
子 자	方 방	向 향	徧 변	是 시	普 보	藏 장
之 지	各 각	佛 불	虛 허	等 등	發 발	如 여
座 좌	化 화	作 작	空 공	世 세	一 일	日 일
於 어	作 작	禮 례	而 이	界 계	切 체	光 광
其 기	摩 마	以 이	不 불	海 해	悅 열	明 명
座 좌	尼 니	爲 위	散 산	微 미	意 의	樹 수
上 상	燈 등	供 공	滅 멸	塵 진	音 음	雲 운
結 결	蓮 연	養 양	現 현	數 수	聲 성	復 부

跏(가) 趺(부) 坐(좌)

此(차) 華(화) 藏(장) 世(세) 界(계) 海(해) 東(동) 北(북) 方(방) 次(차)

有(유) 世(세) 界(계) 海(해) 名(명) 閻(염) 浮(부) 檀(단) 金(금) 玻(파) 瓈(려)

色(색) 幢(당) 彼(피) 世(세) 界(계) 種(종) 中(중) 有(유) 國(국) 土(토) 名(명)

衆(중) 寶(보) 莊(장) 嚴(엄) 佛(불) 號(호) 一(일) 切(체) 法(법) 無(무) 畏(외)

燈(등) 於(어) 彼(피) 如(여) 來(래) 大(대) 衆(중) 海(해) 中(중) 有(유) 菩(보)

薩(살) 摩(마) 訶(하) 薩(살) 名(명) 最(최) 勝(승) 光(광) 明(명) 燈(등) 無(무)

盡功德藏與世界海微塵數
진공덕장여세계해미진수

諸菩薩俱來詣佛所各現十
제보살구래예불소각현십

種無邊色相寶蓮華藏師子
종무변색상보연화장사자

座雲徧滿虛空而不散滅復
좌운변만허공이불산멸부

現十種摩尼王光明藏師子
현십종마니왕광명장사자

座雲復現十種一切莊嚴具
좌운부현십종일체장엄구

種種校飾師子座雲復現十
종종교식사자좌운부현십

階 계	藏 장	示 시	瓔 영	座 좌	復 부	種 종
砌 체	師 사	現 현	珞 락	雲 운	現 현	衆 중
及 급	子 자	一 일	藏 장	復 부	十 십	寶 보
諸 제	座 좌	切 체	師 사	現 현	種 종	鬘 만
瓔 영	雲 운	佛 불	子 자	十 십	普 보	燈 등
珞 락	復 부	座 좌	座 좌	種 종	雨 우	焰 염
一 일	現 현	莊 장	雲 운	一 일	寶 보	藏 장
切 체	十 십	嚴 엄	復 부	切 체	瓔 영	師 사
莊 장	種 종	摩 마	現 현	香 향	珞 락	子 자
嚴 엄	戶 호	尼 니	十 십	華 화	師 사	座 좌
師 사	牖 유	王 왕	種 종	寶 보	子 자	雲 운

爲 위	散 산	數 수	子 자	十 십	樹 수	子 자
供 공	滅 멸	師 사	座 좌	種 종	寶 보	座 좌
養 양	現 현	子 자	雲 운	寶 보	枝 지	雲 운
卽 즉	是 시	座 좌	如 여	香 향	莖 경	復 부
於 어	雲 운	雲 운	是 시	間 간	藏 장	現 현
東 동	已 이	悉 실	等 등	飾 식	師 사	十 십
北 북	向 향	徧 변	世 세	日 일	子 자	種 종
方 방	佛 불	虛 허	界 계	光 광	座 좌	一 일
各 각	作 작	空 공	海 해	明 명	雲 운	切 체
化 화	禮 례	而 이	微 미	藏 장	復 부	摩 마
作 작	以 이	不 불	塵 진	師 사	現 현	尼 니

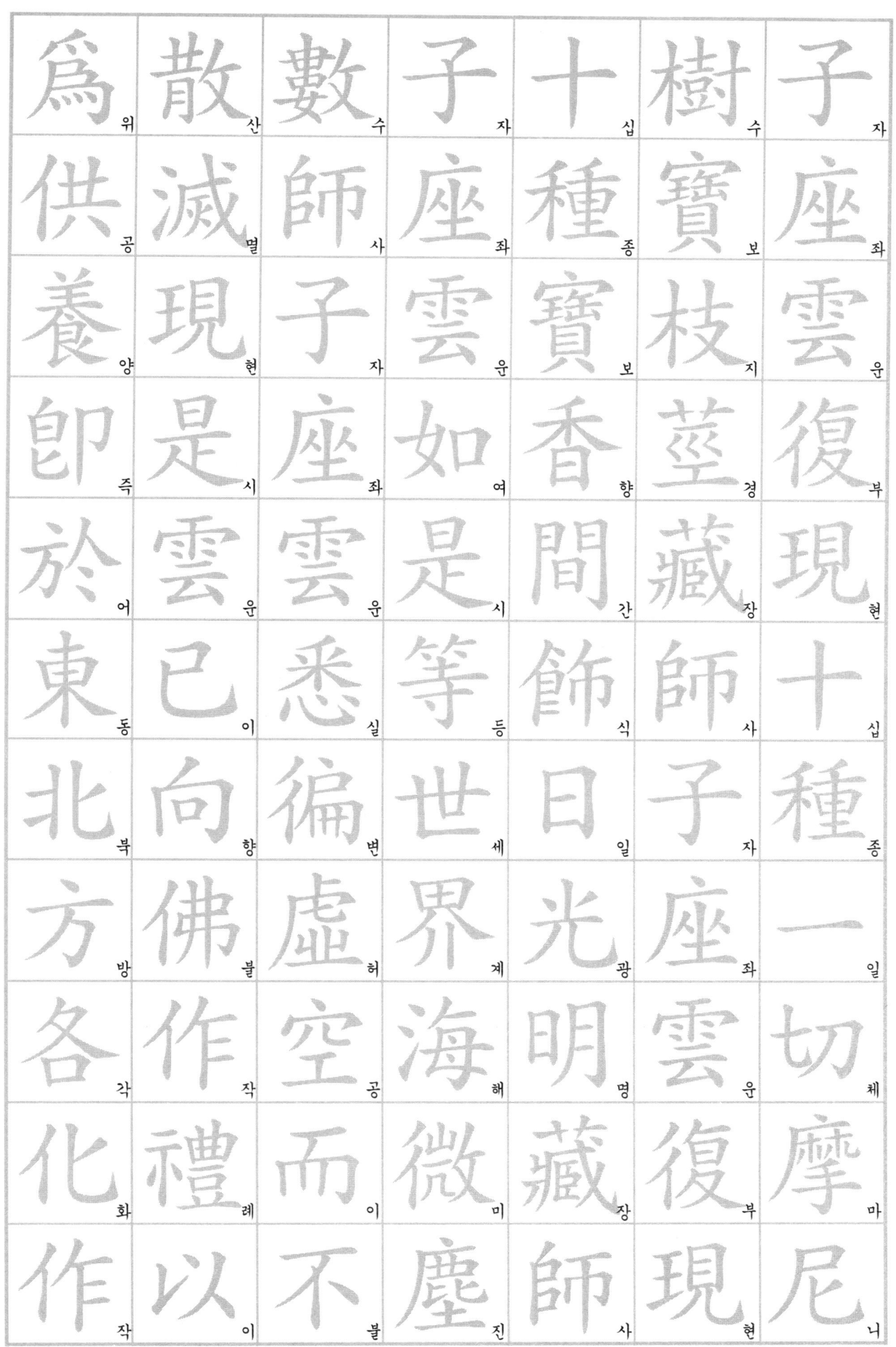

寶(보)蓮(연)華(화)摩(마)尼(니)光(광)幢(당)師(사)子(자)之(지)座(좌)
於(어)其(기)座(좌)上(상)結(결)跏(가)趺(부)坐(좌)
此(차)華(화)藏(장)世(세)界(계)海(해)東(동)南(남)方(방)次(차)
有(유)世(세)界(계)海(해)名(명)金(금)莊(장)嚴(엄)琉(유)璃(리)光(광)
普(보)照(조)彼(피)世(세)界(계)種(종)中(중)有(유)國(국)土(토)名(명)
淸(청)淨(정)香(향)光(광)明(명)佛(불)號(호)普(보)喜(희)深(심)信(신)
王(왕)於(어)彼(피)如(여)來(래)大(대)衆(중)海(해)中(중)有(유)菩(보)

사경의 공덕은 십만억 부처님께 공양한 것과 같은 공덕이 있습니다.

薩(살) 摩(마) 訶(하) 薩(살) 名(명) 慧(혜) 燈(등) 普(보) 明(명) 與(여) 世(세)
界(계) 海(해) 微(미) 塵(진) 數(수) 諸(제) 菩(보) 薩(살) 俱(구) 來(래) 詣(예)
佛(불) 所(소) 各(각) 現(현) 十(십) 種(종) 一(일) 切(체) 如(여) 意(의) 王(왕)
摩(마) 尼(니) 帳(장) 雲(운) 徧(변) 滿(만) 虛(허) 空(공) 而(이) 不(불) 散(산)
滅(멸) 復(부) 現(현) 十(십) 種(종) 帝(제) 青(청) 寶(보) 一(일) 切(체) 華(화)
莊(장) 嚴(엄) 帳(장) 雲(운) 復(부) 現(현) 十(십) 種(종) 一(일) 切(체) 香(향)
摩(마) 尼(니) 帳(장) 雲(운) 復(부) 現(현) 十(십) 種(종) 寶(보) 焰(염) 燈(등)

帳雲復現十種示現佛神通
장운부현십종시현불신통

說法摩尼王帳雲復現十種
설법마니왕장운부현십종

現一切衣服莊嚴色像摩尼
현일체의복장엄색상마니

帳雲復現十種一切寶華叢
장운부현십종일체보화총

光明帳雲復現十種寶網鈴
광명장운부현십종보망령

鐸音帳雲復現十種摩尼爲
탁음장운부현십종마니위

臺蓮華爲網帳雲復現十種
대연화위망장운부현십종

結 결	蓮 연	供 공	滅 멸	衆 중	帳 장	現 현
跏 가	華 화	養 양	現 현	寶 보	雲 운	一 일
趺 부	藏 장	卽 즉	是 시	帳 장	如 여	切 체
坐 좌	師 사	於 어	雲 운	雲 운	是 시	不 불
	子 자	東 동	已 이	悉 실	等 등	思 사
	之 지	南 남	向 향	徧 변	世 세	議 의
	座 좌	方 방	佛 불	虛 허	界 계	莊 장
	於 어	各 각	作 작	空 공	海 해	嚴 엄
	其 기	化 화	禮 례	而 이	微 미	具 구
	座 좌	作 작	以 이	不 불	塵 진	色 색
	上 상	寶 보	爲 위	散 산	數 수	像 상

塵 진	名 명	來 래	明 명	界 계	有 유	
數 수	普 보	大 대	佛 불	種 종	世 세	此 차
諸 제	華 화	衆 중	號 호	中 중	界 계	華 화
菩 보	光 광	海 해	普 보	有 유	海 해	藏 장
薩 살	焰 염	中 중	智 지	國 국	名 명	世 세
俱 구	髻 계	有 유	光 광	土 토	日 일	界 계
來 래	與 여	菩 보	明 명	名 명	光 광	海 해
詣 예	世 세	薩 살	音 음	師 사	徧 변	西 서
佛 불	界 계	摩 마	於 어	子 자	照 조	南 남
所 소	海 해	訶 하	彼 피	日 일	彼 피	方 방
各 각	微 미	薩 살	如 여	光 광	世 세	次 차

사경의 공덕은 십만억 부처님께 공양한 것과 같은 공덕이 있습니다.

現十種衆妙莊嚴寶蓋雲遍
현 십 종 중 묘 장 엄 보 개 운 변

滿虛空而不散滅復現十種
만 허 공 이 불 산 멸 부 현 십 종

光明莊嚴華蓋雲復現十種
광 명 장 엄 화 개 운 부 현 십 종

無邊色眞珠藏蓋雲復現十
무 변 색 진 주 장 개 운 부 현 십

種出一切菩薩悲愍音摩尼
종 출 일 체 보 살 비 민 음 마 니

王蓋雲復現十種衆妙寶焰
왕 개 운 부 현 십 종 중 묘 보 염

鬘蓋雲復現十種妙寶嚴飾
만 개 운 부 현 십 종 묘 보 엄 식

雲 운	廣 광	十 십	種 종	光 광	樹 수	垂 수
如 여	大 대	種 종	一 일	普 보	枝 지	網 망
是 시	佛 불	栴 전	切 체	照 조	莊 장	鐸 탁
等 등	境 경	檀 단	塗 도	摩 마	嚴 엄	蓋 개
世 세	界 계	藏 장	香 향	尼 니	蓋 개	雲 운
界 계	普 보	蓋 개	燒 소	王 왕	雲 운	復 부
海 해	光 광	雲 운	香 향	蓋 개	復 부	現 현
微 미	明 명	復 부	蓋 개	雲 운	現 현	十 십
塵 진	莊 장	現 현	雲 운	復 부	十 십	種 종
數 수	嚴 엄	十 십	復 부	現 현	種 종	摩 마
衆 중	蓋 개	種 종	現 현	十 십	日 일	尼 니

사경의 공덕은 십만억 부처님께 공양한 것과 같은 공덕이 있습니다.

寶蓋雲悉徧虛空而不散滅
보개운실변허공이불산멸

現是雲已向佛作禮以爲供
현시운이향불작례이위공

養卽於西南方各化作帝青
양즉어서남방각화작제청

寶光焰莊嚴藏師子之座於
보광염장엄장사자지좌어

其座上結跏趺坐
기좌상결가부좌

此華藏世界海西北方次
차화장세계해서북방차

有世界海名寶光照耀彼世
유세계해명보광조요피세

界(계)種(종)中(중)有(유)國(국)土(토)名(명)衆(중)香(향)莊(장)嚴(엄)
佛(불)號(호)無(무)量(량)功(공)德(덕)海(해)光(광)明(명)於(어)彼(피)
如(여)來(래)大(대)衆(중)海(해)中(중)有(유)菩(보)薩(살)摩(마)訶(하)
薩(살)名(명)無(무)盡(진)光(광)摩(마)尼(니)王(왕)與(여)世(세)界(계)
海(해)微(미)塵(진)數(수)諸(제)菩(보)薩(살)俱(구)來(래)詣(예)佛(불)
所(소)各(각)現(현)十(십)種(종)一(일)切(체)寶(보)圓(원)滿(만)光(광)
雲(운)徧(변)滿(만)虛(허)空(공)而(이)不(불)散(산)滅(멸)復(부)現(현)

切 체	寶 보	光 광	雲 운	復 부	現 현	十 십
琉 유	樹 수	雲 운	復 부	現 현	十 십	種 종
璃 리	圓 원	復 부	現 현	十 십	種 종	一 일
寶 보	滿 만	現 현	十 십	種 종	一 일	切 체
摩 마	光 광	十 십	種 종	一 일	切 체	寶 보
尼 니	雲 운	種 종	十 시	切 체	妙 묘	焰 염
王 왕	復 부	佛 불	方 방	化 화	華 화	圓 원
圓 원	現 현	境 경	佛 불	佛 불	圓 원	滿 만
滿 만	十 십	界 계	土 토	圓 원	滿 만	光 광
光 광	種 종	雷 뢰	圓 원	滿 만	光 광	雲 운
雲 운	一 일	聲 성	滿 만	光 광	雲 운	復 부

復現十種一念中現無邊衆
부현십종일념중현무변중

生相圓滿光雲復現十種演
생상원만광운부현십종연

一切如來大願音圓滿光雲
일체여래대원음원만광운

復現十種演化一切衆生音
부현십종연화일체중생음

摩尼王圓滿光雲如是等世
마니왕원만광운여시등세

界海微塵數圓滿光雲悉徧
계해미진수원만광운실변

虛空而不散滅現是雲已向
허공이불산멸현시운이향

佛作禮以爲供養卽於西北
불작례이위공양즉어서북

方各化作無盡光明威德藏
방각화작무진광명위덕장

師子之座於其座上結跏趺
사자지좌어기좌상결가부

坐
좌

此華藏世界海下方次有
차화장세계해하방차유

世界海名蓮華香妙德藏彼
세계해명연화향묘덕장피

世界種中有國土名寶師子
세계종중유국토명보사자

光明照耀佛號法界光明於 (광명조요불호법계광명어)
彼如來大衆海中有菩薩摩 (피여래대중해중유보살마)
訶薩名法界光焰慧與世界 (하살명법계광염혜여세계)
海微塵數諸菩薩俱來詣佛 (해미진수제보살구래예불)
所各現十種一切摩尼藏光 (소각현십종일체마니장광)
明雲徧滿虛空而不散滅復 (명운변만허공이불산멸부)
現十種一切香光明雲復現 (현십종일체향광명운부현)

十種一切寶焰光明雲復現
십종일체보염광명운부현

十種出一切佛說法音光明
십종출일체불설법음광명

雲復現十種現一切佛土莊
운부현십종현일체불토장

嚴光明雲復現十種一切妙
엄광명운부현십종일체묘

華樓閣光明雲復現十種現
화루각광명운부현십종현

一切劫中諸佛教化衆生事
일체겁중제불교화중생사

光明雲復現十種一切無盡
광명운부현십종일체무진

寶(보)華(화)蘂(예)光(광)明(명)雲(운)復(부)現(현)十(십)種(종)一(일)
切(체)莊(장)嚴(엄)座(좌)光(광)明(명)雲(운)如(여)是(시)等(등)世(세)
界(계)海(해)微(미)塵(진)數(수)光(광)明(명)雲(운)悉(실)徧(변)虛(허)
空(공)而(이)不(불)散(산)滅(멸)現(현)是(시)雲(운)已(이)向(향)佛(불)
作(작)禮(례)以(이)爲(위)供(공)養(양)卽(즉)於(어)下(하)方(방)各(각)
化(화)作(작)寶(보)焰(염)燈(등)蓮(연)華(화)藏(장)師(사)子(자)之(지)
座(좌)於(어)其(기)座(좌)上(상)結(결)跏(가)趺(부)坐(좌)

世界海名摩尼寶照耀莊嚴
세계해명마니보조요장엄

此華藏世界海上方次有
차화장세계해상방차유

彼世界種中有國土名無相
피세계종중유국토명무상

妙光明佛號無礙功德光明
묘광명불호무애공덕광명

王於彼如來大衆海中有菩
왕어피여래대중해중유보

薩摩訶薩名無礙力精進慧
살마하살명무애력정진혜

與世界海微塵數諸菩薩俱
여세계해미진수제보살구

切 체	切 체	土 토	焰 염	散 산	相 상	來 래
莊 장	妙 묘	莊 장	雲 운	滅 멸	寶 보	詣 예
嚴 엄	香 향	嚴 엄	復 부	復 부	光 광	佛 불
光 광	光 광	光 광	現 현	現 현	焰 염	所 소
焰 염	焰 염	焰 염	十 십	十 십	雲 운	各 각
雲 운	雲 운	雲 운	種 종	種 종	徧 변	現 현
復 부	復 부	復 부	一 일	摩 마	滿 만	十 십
現 현	現 현	現 현	切 체	尼 니	虛 허	種 종
十 십	十 십	十 십	廣 광	寶 보	空 공	無 무
種 종	種 종	種 종	大 대	網 망	而 이	邊 변
諸 제	一 일	一 일	佛 불	光 광	不 불	色 색

佛(불) 變(변) 化(화) 光(광) 焰(염) 雲(운) 復(부) 現(현) 十(십) 種(종) 衆(중)
妙(묘) 樹(수) 華(화) 光(광) 焰(염) 雲(운) 復(부) 現(현) 十(십) 種(종) 一(일)
切(체) 金(금) 剛(강) 光(광) 焰(염) 雲(운) 復(부) 現(현) 十(십) 種(종) 說(설)
無(무) 邊(변) 菩(보) 薩(살) 行(행) 摩(마) 尼(니) 光(광) 焰(염) 雲(운) 復(부)
現(현) 十(십) 種(종) 一(일) 切(체) 眞(진) 珠(주) 燈(등) 光(광) 焰(염) 雲(운)
如(여) 是(시) 等(등) 世(세) 界(계) 海(해) 微(미) 塵(진) 數(수) 光(광) 焰(염)
雲(운) 悉(실) 徧(변) 虛(허) 空(공) 而(이) 不(불) 散(산) 滅(멸) 現(현) 是(시)

雲已向佛作禮以爲供養卽
운 이 향 불 작 례 이 위 공 양 즉

於上方各化作演佛音聲光
어 상 방 각 화 작 연 불 음 성 광

明蓮華藏師子之座於其座
명 연 화 장 사 자 지 좌 어 기 좌

上結跏趺坐
상 결 가 부 좌

如是等十億佛刹微塵數
여 시 등 십 억 불 찰 미 진 수

世界海中有十億佛刹微塵
세 계 해 중 유 십 억 불 찰 미 진

數菩薩摩訶薩一一各有世
수 보 살 마 하 살 일 일 각 유 세

種 종	以 이	不 불	莊 장	一 일	圍 위	界 계
種 종	爲 위	散 산	嚴 엄	各 각	遶 요	海 해
寶 보	供 공	滅 멸	諸 제	現 현	而 이	微 미
莊 장	養 양	現 현	供 공	世 세	來 래	塵 진
嚴 엄	隨 수	是 시	養 양	界 계	集 집	數 수
師 사	所 소	雲 운	雲 운	海 해	會 회	諸 제
子 자	來 래	已 이	悉 실	微 미	是 시	菩 보
之 지	方 방	向 향	徧 변	塵 진	諸 제	薩 살
座 좌	各 각	佛 불	虛 허	數 수	菩 보	衆 중
於 어	化 화	作 작	空 공	種 종	薩 살	前 전
其 기	作 작	禮 례	而 이	種 종	一 일	後 후

座上結跏趺坐
좌상결가부좌

如是坐已其諸菩薩身毛
여시좌이기제보살신모

孔中一一各現十世界海微
공중일일각현십세계해미

塵數一切寶種種色光明一
진수일체보종종색광명일

一光中悉現十世界海微塵
일광중실현십세계해미진

數諸菩薩皆坐蓮華藏師子
수제보살개좌연화장사자

之座
지좌

사경의 공덕은 십만억 부처님께 공양한 것과 같은 공덕이 있습니다.

	悉 실	有 유	塵 진	一 일	法 법	
於 어	能 능	三 삼	數 수	一 일	界 계	此 차
念 염	徧 변	世 세	諸 제	塵 진	諸 제	諸 제
念 념	往 왕	諸 제	廣 광	中 중	安 안	菩 보
中 중	親 친	佛 불	大 대	皆 개	立 립	薩 살
以 이	近 근	世 세	刹 찰	有 유	海 해	悉 실
夢 몽	供 공	尊 존	一 일	十 십	所 소	能 능
自 자	養 양	此 차	一 일	佛 불	有 유	徧 변
在 재		諸 제	刹 찰	世 세	微 미	入 입
示 시		菩 보	中 중	界 계	塵 진	一 일
現 현		薩 살	皆 개	微 미	彼 피	切 체

法門開悟世界海微塵數衆
법문개오세계해미진수중

生念念中以示現一切諸天
생염념중이시현일체제천

歿生法門開悟世界海微塵
몰생법문개오세계해미진

數衆生念念中以說一切菩
수중생염념중이설일체보

薩行法門開悟世界海微塵
살행법문개오세계해미진

數衆生念念中以普震動一
수중생염념중이보진동일

切刹歎佛功德神變法門開
체찰탄불공덕신변법문개

사경의 공덕은 십만억 부처님께 공양한 것과 같은 공덕이 있습니다.

念 염	門 문	攝 섭	海 해	一 일	中 중	悟 오
念 념	開 개	一 일	微 미	切 체	以 이	世 세
中 중	悟 오	切 체	塵 진	大 대	嚴 엄	界 계
以 이	世 세	衆 중	數 수	願 원	淨 정	海 해
能 능	界 계	生 생	衆 중	海 해	一 일	微 미
雨 우	海 해	言 언	生 생	法 법	切 체	塵 진
一 일	微 미	辭 사	念 염	門 문	佛 불	數 수
切 체	塵 진	佛 불	念 념	開 개	國 국	衆 중
佛 불	數 수	音 음	中 중	悟 오	土 토	生 생
法 법	衆 중	聲 성	以 이	世 세	顯 현	念 염
雲 운	生 생	法 법	普 보	界 계	示 시	念 념

法門開悟世界海微塵數衆
법문개오세계해미진수중

生念念中以光明普照十方
생염념중이광명보조시방

國土周徧法界示現神變法
국토주변법계시현신변법

門開悟世界海微塵數衆生
문개오세계해미진수중생

念念中以普現佛身充徧法
염념중이보현불신충변법

界一切如來解脫力法門開
계일체여래해탈력법문개

悟世界海微塵數衆生念念
오세계해미진수중생염념

中以普賢菩薩建立一切衆
중 이 보 현 보 살 건 립 일 체 중

會道場海法門開悟世界海
회 도 량 해 법 문 개 오 세 계 해

微塵數衆生如是普徧一切
미 진 수 중 생 여 시 보 변 일 체

法界隨衆生心悉令開悟
법 계 수 중 생 심 실 령 개 오

念念中一一國土各令如
염 념 중 일 일 국 토 각 령 여

須彌山微塵數衆生墮惡道
수 미 산 미 진 수 중 생 타 악 도

者永離其苦各令如須彌山
자 영 리 기 고 각 령 여 수 미 산

具 구	彌 미	住 주	令 령	衆 중	定 정	微 미
衆 중	山 산	聲 성	如 여	生 생	聚 취	塵 진
福 복	微 미	聞 문	須 수	隨 수	各 각	數 수
行 행	塵 진	辟 벽	彌 미	其 기	令 령	衆 중
各 각	數 수	支 지	山 산	所 소	如 여	生 생
令 령	衆 중	佛 불	微 미	樂 락	須 수	住 주
如 여	生 생	地 지	塵 진	生 생	彌 미	邪 사
須 수	事 사	各 각	數 수	於 어	山 산	定 정
彌 미	善 선	令 령	衆 중	天 천	微 미	者 자
山 산	知 지	如 여	生 생	上 상	塵 진	入 입
微 미	識 식	須 수	安 안	各 각	數 수	正 정

사경의 공덕은 십만억 부처님께 공양한 것과 같은 공덕이 있습니다.

數 수	平 평	智 지	如 여	生 생	心 심	塵 진
衆 중	等 등	眼 안	須 수	趣 취	各 각	數 수
生 생	法 법	見 견	彌 미	於 어	令 령	衆 중
安 안	各 각	於 어	山 산	菩 보	如 여	生 생
住 주	令 령	如 여	微 미	薩 살	須 수	發 발
諸 제	如 여	來 래	塵 진	不 불	彌 미	於 어
力 력	須 수	所 소	數 수	退 퇴	山 산	無 무
諸 제	彌 미	見 견	衆 중	轉 전	微 미	上 상
願 원	山 산	一 일	生 생	地 지	塵 진	菩 보
海 해	微 미	切 체	得 득	各 각	數 수	提 리
中 중	塵 진	諸 제	淨 정	令 령	衆 중	之 지

以無盡智而爲方便淨諸佛
이 무 진 지 이 위 방 편 정 제 불

國各令如須彌山微塵數衆
국 각 령 여 수 미 산 미 진 수 중

生皆得安住毘盧遮那廣大
생 개 득 안 주 비 로 자 나 광 대

願海生如來家
원 해 생 여 래 가

爾時諸菩薩光明中同時
이 시 제 보 살 광 명 중 동 시

發聲說此頌言
발 성 설 차 송 언

諸光明中出妙音
제 광 명 중 출 묘 음

普偏十方一切國
보변시방일체국

演說佛子諸功德
연설불자제공덕

能入菩提之妙道
능입보리지묘도

劫海修行無厭倦
겁해수행무염권

令苦衆生得解脫
영고중생득해탈

心無下劣及勞疲
심무하열급노피

佛子善入斯方便
불자선입사방편

盡諸劫海修方便
진제겁해수방편

無量無邊無有餘
무량무변무유여

一切法門無不入
일체법문무불입

而恒說彼性寂滅
이항설피성적멸

三世諸佛所有願
삼세제불소유원

一切修治悉令盡
일체수치실령진

卽以利益諸衆生
즉이이익제중생

而爲自行淸淨業
이위자행청정업

一切諸佛衆會中
일체제불중회중

普徧十方無不往
보변시방무불왕

皆以甚深智慧海
개이심심지혜해

入彼如來寂滅法
입피여래적멸법

一一光明無有邊
일일광명무유변

悉入難思諸國土
실입난사제국토

사경의 공덕은 십만억 부처님께 공양한 것과 같은 공덕이 있습니다.

淸淨智眼普能見
청정지안보능견

是諸菩薩所行境
시제보살소행경

菩薩能住一毛端
보살능주일모단

徧動十方諸國土
변동시방제국토

不令衆生有怖想
불령중생유포상

是其淸淨方便地
시기청정방편지

一一塵中無量身
일일진중무량신

復現種種莊嚴刹 (부현종종장엄찰)
一念歿生普令見 (일념몰생보령견)
獲無礙意莊嚴者 (획무애의장엄자)
三世所有一切劫 (삼세소유일체겁)
一刹那中悉能現 (일찰나중실능현)
知身如幻無體相 (지신여환무체상)
證明法性無礙者 (증명법성무애자)

通 통	大 대					
力 력	衆 중	爾 이				
故 고	得 득	時 시	諸 제	佛 불	一 일	普 보
放 방	於 어	世 세	光 광	子 자	切 체	賢 현
眉 미	如 여	尊 존	明 명	能 능	衆 중	勝 승
間 간	來 래	欲 욕	中 중	住 주	生 생	行 행
光 광	無 무	令 령	大 대	此 차	悉 실	皆 개
此 차	邊 변	一 일	音 음	法 법	樂 락	能 능
光 광	境 경	切 체	吼 후	門 문	見 견	入 입
名 명	界 계	菩 보				
一 일	神 신	薩 살				

三 삼	佛 불	諸 제	以 이	十 시	藏 장	切 체
世 세	隨 수	世 세	衆 중	方 방	其 기	菩 보
一 일	諸 제	界 계	生 생	一 일	狀 상	薩 살
切 체	衆 중	網 망	悉 실	切 체	猶 유	智 지
諸 제	生 생	一 일	令 령	佛 불	如 여	光 광
佛 불	性 성	一 일	顯 현	刹 찰	寶 보	明 명
妙 묘	欲 욕	塵 진	現 현	其 기	色 색	普 보
法 법	不 부	中 중	又 우	中 중	燈 등	照 조
輪 륜	同 동	現 현	普 보	國 국	雲 운	耀 요
雲 운	普 보	無 무	震 진	土 토	徧 변	十 시
顯 현	雨 우	數 수	動 동	及 급	照 조	方 방

示(시)如(여)來(래)波(바)羅(라)蜜(밀)海(해)又(우)雨(우)無(무)量(량)
諸(제)出(출)離(리)雲(운)令(령)諸(제)衆(중)生(생)永(영)度(도)生(생)
死(사)復(부)雨(우)諸(제)佛(불)大(대)願(원)之(지)雲(운)顯(현)示(시)
十(시)方(방)諸(제)世(세)界(계)中(중)普(보)賢(현)菩(보)薩(살)道(도)
場(량)衆(중)會(회)作(작)是(시)事(사)已(이)右(우)遶(요)於(어)佛(불)
從(종)足(족)下(하)入(입)
爾(이)時(시)佛(불)前(전)有(유)大(대)蓮(연)華(화)忽(홀)然(연)

出(출)現(현)其(기)華(화)具(구)有(유)十(십)種(종)莊(장)嚴(엄)一(일)
切(체)蓮(연)華(화)所(소)不(불)能(능)及(급)所(소)謂(위)衆(중)寶(보)
間(간)錯(착)以(이)爲(위)其(기)莖(경)摩(마)尼(니)寶(보)王(왕)以(이)
爲(위)其(기)藏(장)法(법)界(계)衆(중)寶(보)普(보)作(작)其(기)葉(엽)
諸(제)香(향)摩(마)尼(니)而(이)作(작)其(기)鬚(수)閻(염)浮(부)檀(단)
金(금)莊(장)瑩(영)其(기)臺(대)妙(묘)網(망)覆(부)上(상)光(광)色(색)
清(청)淨(정)於(어)一(일)念(념)中(중)示(시)現(현)無(무)邊(변)諸(제)

佛神變普能發起一切音聲
불신변보능발기일체음성

摩尼寶王影現佛身於音聲
마니보왕영현불신어음성

中普能演說一切菩薩所修
중보능연설일체보살소수

行願
행원

此華生已一念之間於如
차화생이일념지간어여

來白毫相中有菩薩摩訶薩
래백호상중유보살마하살

名一切法勝音與世界海微
명일체법승음여세계해미

行 행	了 요	第 제	薩 살	時 시	遶 요	塵 진
智 지	深 심	而 이	衆 중	勝 승	如 여	數 수
無 무	法 법	住 주	坐 좌	音 음	來 래	諸 제
疑 애	界 계	其 기	蓮 연	菩 보	經 경	菩 보
滯 체	生 생	一 일	華 화	薩 살	無 무	薩 살
入 입	大 대	切 체	鬚 수	坐 좌	量 량	衆 중
不 불	歡 환	法 법	各 각	蓮 연	帀 잡	俱 구
可 가	喜 희	勝 승	於 어	華 화	禮 예	時 시
測 측	入 입	音 음	其 기	臺 대	佛 불	而 이
佛 불	佛 불	菩 보	上 상	諸 제	足 족	出 출
法 법	所 소	薩 살	次 차	菩 보	已 이	右 우

神 신	德 덕	來 래	力 력	一 일	諸 제	身 신
通 통	海 해	劫 겁	令 영	切 체	毛 모	海 해
變 변	身 신	常 상	普 보	法 법	孔 공	往 왕
化 화	乃 내	見 견	安 안	界 계	悉 실	一 일
	至 지	諸 제	住 주	十 시	現 현	切 체
	一 일	佛 불	一 일	方 방	神 신	刹 찰
	切 체	無 무	切 체	諸 제	通 통	諸 제
	三 삼	邊 변	三 삼	佛 불	念 염	如 여
	昧 매	法 법	昧 매	共 공	念 념	來 래
	解 해	界 계	盡 진	與 여	普 보	所 소
	脫 탈	功 공	未 미	其 기	觀 관	身 신

卽於衆中承佛威神觀察
十方而說頌曰
佛身充滿於法界
普現一切衆生前
隨緣赴感靡不周
而恒處此菩提座
如來一一毛孔中

一切刹塵諸佛坐 (일체찰진제불좌)
菩薩衆會共圍遶 (보살중회공위요)
演說普賢之勝行 (연설보현지승행)
如來安處菩提座 (여래안처보리좌)
一毛示現多刹海 (일모시현다찰해)
一毛現悉亦然 (일모현실역연)
如是普周於法界 (여시보주어법계)

一一刹中悉安立 (일일찰중실안립)
一切刹土皆周徧 (일체찰토개주변)
十方菩薩如雲集 (시방보살여운집)
莫不咸來詣道場 (막불함래예도량)
一切刹土微塵數 (일체찰토미진수)
功德光明菩薩海 (공덕광명보살해)
普在如來衆會中 (보재여래중회중)

乃至法界咸充滿 (내지법계함충만)
法界微塵諸刹土 (법계미진제찰토)
一切衆中皆出現 (일체중중개출현)
如是分身智境界 (여시분신지경계)
普賢行中能建立 (보현행중능건립)
一切諸佛衆會中 (일체제불중회중)
勝智菩薩僉然坐 (승지보살첨연좌)

各各聽法生歡喜
각각청법생환희

處處修行無量劫
처처수행무량겁

已入普賢廣大願
이입보현광대원

各各出生衆佛法
각각출생중불법

毘盧遮那法海中
비로자나법해중

修行克證如來地
수행극증여래지

普賢菩薩所開覺
보현보살소개각

一切如來同讚喜
일체여래동찬희

已獲諸佛大神通
이획제불대신통

法界周流無不徧
법계주류무불변

一切刹土微塵數
일체찰토미진수

常現身雲悉充滿
상현신운실충만

普爲衆生放大光
보위중생방대광

各雨法雨稱其心
각우법우칭기심

爾時衆中復有菩薩摩訶薩名觀察一切勝法蓮華光慧王承佛威神觀察十方而說頌曰
이시중중부유보살마하살명관찰일체승법연화광혜왕승불위신관찰시방이설송왈

如來甚深智 普入於法界
여래심심지 보입어법계

能隨三世轉 與世爲明導
능수삼세전 여세위명도

諸佛同法身 無依無差別
제불동법신 무의무차별

隨諸衆生意 (수제중생의)
具足一切智 (구족일체지)
一切國土中 (일체국토중)
佛身及光明 (불신급광명)
衆生信樂者 (중생신락자)
於一佛身上 (어일불신상)
雷音徧衆刹 (뇌음변중찰)

令見佛色形 (영견불색형)
徧知一切法 (변지일체법)
一切無不現 (일체무불현)
色相不思議 (색상불사의)
隨應悉令見 (수응실령견)
化爲無量佛 (화위무량불)
演法深如海 (연법심여해)

一一毛孔中 일일모공중
演佛妙音聲 연불묘음성
如來光明中 여래광명중
讚佛功德海 찬불공덕해
佛轉正法輪 불전정법륜
所說法無等 소설법무등
一切世界中 일체세계중

光網遍十方 광망변시방
調彼難調者 조피난조자
常出深妙音 상출심묘음
及菩薩所行 급보살소행
無量無有邊 무량무유변
淺智不能測 천지불능측
現身成正覺 현신성정각

各各起神變 (각각기신변)
法界悉充滿 (법계실충만)
如來一一身 (여래일일신)
現佛等衆生 (현불등중생)
一切微塵刹 (일체미진찰)
普現神通力 (보현신통력)

爾時衆中復有菩薩摩訶薩名法喜慧光明承佛威神觀察十方而說頌曰 (이시중중부유보살마하살명법희혜광명승불위신관찰시방이설송왈)

佛身常顯現 (불신상현현)
法界悉充滿 (법계실충만)

恒演廣大音 항연광대음
如來普現身 여래보현신
隨眾生樂欲 수중생락욕
佛隨眾生心 불수중생심
眾生所見者 중생소견자
光明無有邊 광명무유변
佛子隨其智 불자수기지

普震十方國 보진시방국
徧入於世間 변입어세간
顯示神通力 현시신통력
普現於其前 보현어기전
皆是佛神力 개시불신력
說法亦無量 설법역무량
能入能觀察 능입능관찰

佛 불	無 무	無 무	光 광	無 무	法 법	佛 불
隨 수	相 상	體 체	明 명	住 주	性 성	身 신
衆 중	亦 역	無 무	靡 미	亦 역	如 여	無 무
生 생	無 무	住 주	不 부	無 무	虛 허	有 유
心 심	形 형	處 처	周 주	去 거	空 공	生 생
爲 위	所 소	亦 역	名 명	處 처	諸 제	而 이
興 흥	現 현	無 무	稱 칭	處 처	佛 불	能 능
大 대	皆 개	生 생	悉 실	皆 개	於 어	示 시
法 법	如 여	可 가	遠 원	見 견	中 중	出 출
雲 운	影 영	得 득	聞 문	佛 불	住 주	生 생

種(종)種(종)方(방)便(편)門(문) 示(시)悟(오)而(이)調(조)伏(복)
一(일)切(체)世(세)界(계)中(중) 見(견)佛(불)坐(좌)道(도)場(량)
大(대)衆(중)所(소)圍(위)遶(요) 照(조)耀(요)十(시)方(방)國(국)
一(일)切(체)諸(제)佛(불)身(신) 皆(개)有(유)無(무)盡(진)相(상)
示(시)現(현)雖(수)無(무)量(량) 色(색)相(상)終(종)不(부)盡(진)

爾(이)時(시)衆(중)中(중)復(부)有(유)菩(보)薩(살)摩(마)訶(하)
薩(살)名(명)香(향)焰(염)光(광)普(보)明(명)慧(혜)承(승)佛(불)威(위)

神觀察十方 而說頌曰 (신관찰시방 이설송왈)

此會諸菩薩 入佛難思地 (차회제보살 입불난사지)

一一皆能見 一切佛神力 (일일개능견 일체불신력)

智身能徧入 一切刹微塵 (지신능변입 일체찰미진)

見身在彼中 普見於諸佛 (견신재피중 보견어제불)

如影現衆刹 一切如來所 (여영현중찰 일체여래소)

於彼一切中 悉現神通事 (어피일체중 실현신통사)

普賢諸行願 보현제행원
能於一切剎 능어일체찰
身住一切處 신주일체처
智能如是行 지능여시행
已證如來智 이증여래지
普入佛毛孔 보입불모공
一切佛國土 일체불국토

修治已明潔 수치이명결
普見佛神變 보견불신변
一切皆平等 일체개평등
入佛之境界 입불지경계
等照於法界 등조어법계
一切諸剎海 일체제찰해
皆現神通力 개현신통력

示現種種身 (시현종종신)
能於一念頃 (능어일념경)
道場成正覺 (도량성정각)
一切廣大刹 (일체광대찰)
菩薩三昧中 (보살삼매중)
一切諸佛土 (일체제불토)
普入於佛身 (보입어불신)

及種種名號 (급종종명호)
普現諸神變 (보현제신변)
及轉妙法輪 (급전묘법륜)
億劫不思議 (억겁부사의)
一念皆能現 (일념개능현)
一一諸菩薩 (일일제보살)
無邊亦無盡 (무변역무진)

爾時衆中復有菩薩摩訶
이시중중부유보살마하

薩名師子奮迅慧光明承佛
살명사자분신혜광명승불

威神徧觀十方而說頌曰
위신변관시방이설송왈

毘盧遮那佛 能轉正法輪
비로자나불 능전정법륜

法界諸國土 如雲悉周徧
법계제국토 여운실주변

十方中所有 諸大世界海
시방중소유 제대세계해

佛神通願力 處處轉法輪
불신통원력 처처전법륜

사경의 공덕은 십만억 부처님께 공양한 것과 같은 공덕이 있습니다.

一切諸刹土 (일체제찰토)
名號各不同 (명호각부동)
如來大威力 (여래대위력)
一切國土中 (일체국토중)
佛身等刹塵 (불신등찰진)
無生無差別 (무생무차별)
無數諸億劫 (무수제억겁)

廣大衆會中 (광대중회중)
隨應演妙法 (수응연묘법)
普賢願所成 (보현원소성)
妙音無不至 (묘음무불지)
普雨於法雨 (보우어법우)
現一切世間 (현일체세간)
一切塵刹中 (일체진찰중)

사경의 공덕은 십만억 부처님께 공양한 것과 같은 공덕이 있습니다.

往昔所行事 (왕석소행사)
十方塵國土 (시방진국토)
光中悉有佛 (광중실유불)
佛身無差別 (불신무차별)
能令見色身 (능령견색신)
三世一切刹 (삼세일체찰)
種種名號殊 (종종명호수)

妙音咸具演 (묘음함구연)
光網悉周徧 (광망실주변)
普化諸群生 (보화제군생)
充滿於法界 (충만어법계)
隨機善調伏 (수기선조복)
所有衆導師 (소유중도사)
爲說皆令見 (위설개령견)

過未及現在 一切諸如來
과미급현재 일체제여래

所轉妙法輪 此會皆得聞
소전묘법륜 차회개득문

爾時衆中復有菩薩摩訶
이시중중부유보살마하

薩名法海慧功德藏承佛威
살명법해혜공덕장승불위

神觀察十方而說頌曰
신관찰시방이설송왈

此會諸佛子 善修衆智慧
차회제불자 선수중지혜

斯人已能入 如是方便門
사인이능입 여시방편문

一 일	修 수	一 일	安 안	一 일	說 설	一 일
一 일	習 습	一 일	住 주	一 일	佛 불	一 일
微 미	波 바	佛 불	眞 진	心 심	所 소	國 국
塵 진	羅 라	身 신	如 여	念 념	行 행	土 토
中 중	密 밀	中 중	地 지	中 중	處 처	中 중
能 능	及 급	億 억	了 요	普 보	周 주	普 보
證 증	嚴 엄	劫 겁	達 달	觀 관	聞 문	演 연
一 일	淨 정	不 부	諸 제	一 일	十 시	廣 광
切 체	國 국	思 사	法 법	切 체	方 방	大 대
法 법	土 토	議 의	海 해	法 법	刹 찰	音 음

사경의 공덕은 십만억 부처님께 공양한 것과 같은 공덕이 있습니다.

如是無所礙 여시무소애
一一佛刹中 일일불찰중
見佛神通力 견불신통력
諸佛廣大音 제불광대음
菩薩能了知 보살능료지
劫海演妙音 겁해연묘음
智周三世者 지주삼세자

周行十方國 주행시방국
往詣悉無餘 왕예실무여
入佛所行處 입불소행처
法界靡不聞 법계미불문
善入音聲海 선입음성해
其音等無別 기음등무별
入彼音聲地 입피음성지

衆生所有音 獲得音聲智 從地而得地 億劫勤修行

及佛自在聲 一切皆能了 住於力地中 所獲法如是

爾時衆中復有菩薩摩訶薩名慧燈普明承佛威神觀察十方而說頌曰

從 종	普 보	見 견	能 능	菩 보	若 약	一 일
於 어	觀 관	佛 불	知 지	薩 살	能 능	切 체
福 복	於 어	眞 진	一 일	三 삼	知 지	諸 제
海 해	法 법	實 실	切 체	昧 매	是 시	如 여
生 생	界 계	體 체	佛 불	中 중	法 법	來 래

安 안	隨 수	則 즉	自 자	慧 혜	乃 내	遠 원
住 주	願 원	悟 오	在 재	光 광	見 견	離 리
於 어	而 이	甚 심	之 지	普 보	世 세	於 어
智 지	受 수	深 심	體 체	明 명	導 도	衆 중
地 지	身 신	法 법	性 성	了 료	師 사	相 상

觀察一切法 관찰일체법
一切佛刹中 일체불찰중
如是徧法界 여시변법계
十方廣大刹 시방광대찰
能遊正徧知 능유정변지
唯一堅密身 유일견밀신
無生亦無相 무생역무상

修行最勝道 수행최승도
一切如來所 일체여래소
悉見眞實體 실견진실체
億劫勤修行 억겁근수행
一切諸法海 일체제법해
一切塵中見 일체진중견
普現於諸國 보현어제국

隨諸衆生心 수제중생심
種種示調伏 종종시조복
以佛威神故 이불위신고
佛力所加持 불력소가지
一切衆導師 일체중도사
開悟諸菩薩 개오제보살
爾時衆中復 이시중중부

普現於其前 보현어기전
速令向佛道 속령향불도
出現諸菩薩 출현제보살
普見諸如來 보견제여래
無量威神力 무량위신력
法界悉周徧 법계실주변
有菩薩摩訶 유보살마하

薩名華焰髻普明智承佛威
살명화염계보명지승불위

力觀察十方而說頌曰
력관찰시방이설송왈

一切國土中普演微妙音
일체국토중보연미묘음

稱揚佛功德法界悉充滿
칭양불공덕법계실충만

佛以法爲身清淨如虛空
불이법위신청정여허공

所現衆色形令入此法中
소현중색형령입차법중

若有深信喜及爲佛攝受
약유심신희급위불섭수

當知如是人 당지여시인
諸有少智者 제유소지자
慧眼淸淨人 혜안청정인
以佛威神力 이불의신력
入住及出時 입주급출시
一切諸法中 일체제법중
成就一切智 성취일체지

能生了佛智 능생료불지
不能知此法 불능지차법
於此乃能見 어차내능견
觀察一切法 관찰일체법
所見皆明了 소견개명료
法門無有邊 법문무유변
入於深法海 입어심법해

安住佛國土 (안주불국토)
無去亦無來 (무거역무래)
一切衆生海 (일체중생해)
隨其解差別 (수기해차별)
一切毛孔中 (일체모공중)
修行普賢願 (수행보현원)
佛以一一身 (불이일일신)

出興一切處 (출흥일체처)
諸佛法如是 (제불법여시)
佛身如影現 (불신여영현)
如是見導師 (여시견도사)
各各現神通 (각각현신통)
清淨者能見 (청정자능견)
處處轉法輪 (처처전법륜)

法界悉周徧 思議莫能及
법계실주변 사의막능급

爾時衆中復有菩薩摩訶
이시중중부유보살마하

薩名威德慧無盡光承佛威
살명위덕혜무진광승불위

神觀察十方而說頌曰
신관찰시방이설송왈

一一佛刹中 處處坐道場
일일불찰중 처처좌도량

衆會共圍遶 魔軍悉摧伏
중회공위요 마군실최복

佛身放光明 徧滿於十方
불신방광명 변만어시방

隨應而示現 (수응이시현)
一一微塵內 (일일미진내)
普見十方土 (보견시방토)
十方諸剎海 (시방제찰해)
悉平坦清淨 (실평탄청정)
或覆或傍住 (혹복혹방주)
或圓或四方 (혹원혹사방)

色相非一種 (색상비일종)
光明悉充滿 (광명실충만)
種種各差別 (종종각차별)
種種無量剎 (종종무량찰)
帝青寶所成 (제청보소성)
或似蓮華合 (혹사연화합)
種種衆形相 (종종중형상)

佛 불	依 의	所 소	於 어	佛 불	一 일	法 법
以 이	於 어	轉 전	其 기	身 신	切 체	界 계
圓 원	一 일	妙 묘	一 일	不 불	衆 중	諸 제
滿 만	實 실	法 법	切 체	思 사	會 회	刹 찰
音 음	理 리	輪 륜	處 처	議 의	中 중	土 토
闡 천	演 연	法 법	導 도	國 국	常 상	周 주
明 명	說 설	性 성	世 세	土 토	轉 전	行 행
眞 진	諸 제	無 무	演 연	悉 실	妙 묘	無 무
實 실	法 법	差 차	眞 진	在 재	法 법	所 소
理 리	相 상	別 별	法 법	中 중	輪 륜	礙 애

隨其解差別 現無盡法門
수기해차별 현무진법문

一切刹土中 見佛坐道場
일체찰토중 견불좌도량

佛身如影現 生滅不可得
불신여영현 생멸불가득

爾時衆中復有菩薩摩訶薩名法界普明慧承佛威力觀察十方而說頌曰
이시중중부유보살마하살명법계보명혜승불위력관찰시방이설송왈

如來微妙身 色相不思議
여래미묘신 색상불사의

사경의 공덕은 십만억 부처님께 공양한 것과 같은 공덕이 있습니다.

見者生歡喜 (견자생환희)
佛身一切相 (불신일체상)
普入十方界 (보입시방계)
十方國土海 (시방국토해)
咸於念念中 (함어념념중)
大智諸菩薩 (대지제보살)
佛力所加持 (불력소가지)

恭敬信樂法 (공경신락법)
悉現無量佛 (실현무량불)
一一微塵中 (일일미진중)
無量無邊佛 (무량무변불)
各各現神通 (각각현신통)
深入於法海 (심입어법해)
能知此方便 (능지차방편)

若(약)有(유)已(이)安(안)住(주)
見(견)彼(피)衆(중)國(국)土(토)
若(약)人(인)有(유)信(신)解(해)
具(구)足(족)深(심)智(지)慧(혜)
能(능)於(어)諸(제)佛(불)身(신)
色(색)聲(성)無(무)所(소)礙(애)
能(능)於(어)諸(제)佛(불)身(신)

普(보)賢(현)諸(제)行(행)願(원)
一(일)切(체)佛(불)神(신)力(력)
及(급)以(이)諸(제)大(대)願(원)
通(통)達(달)一(일)切(체)法(법)
一(일)一(일)而(이)觀(관)察(찰)
了(요)達(달)於(어)諸(제)境(경)
安(안)住(주)智(지)所(소)行(행)

薩 살		悉 실	一 일	能 능	佛 불	速 속
名 명	爾 이	現 현	切 체	令 령	剎 찰	入 입
精 정	時 시	一 일	諸 제	一 일	微 미	如 여
進 진	衆 중	剎 찰	國 국	念 념	塵 진	來 래
力 력	中 중	中 중	土 토	中 중	數 수	地 지
無 무	復 부					
礙 애	有 유	菩 보	及 급	一 일	如 여	普 보
慧 혜	菩 보	薩 살	以 이	一 일	是 시	攝 섭
承 승	薩 살	力 력	神 신	塵 진	諸 제	於 어
佛 불	摩 마	如 여	通 통	中 중	國 국	法 법
威 위	訶 하	是 시	事 사	現 현	土 토	界 계

사경의 공덕은 십만억 부처님께 공양한 것과 같은 공덕이 있습니다.

神觀察十方而說頌曰
신관찰시방이설송왈

佛演一妙音 周聞十方刹
불연일묘음 주문시방찰

衆音悉具足 法雨皆充徧
중음실구족 법우개충변

一切言辭海 一切隨類音
일체언사해 일체수류음

一切佛刹中 轉於淨法輪
일체불찰중 전어정법륜

一切諸國土 悉見佛神變
일체제국토 실견불신변

聽佛說法音 聞已趣菩提
청불설법음 문이취보리

法界諸國土 (법계제국토)
如來解脫力 (여래해탈력)
法身同虛空 (법신동허공)
色形如影像 (색형여영상)
影像無方所 (영상무방소)
智慧廣大人 (지혜광대인)
佛身不可取 (불신불가취)

一一微塵中 (일일미진중)
於彼普現身 (어피보현신)
無礙無差別 (무애무차별)
種種衆相現 (종종중상현)
如空無體性 (여공무체성)
了達其平等 (요달기평등)
無生無起作 (무생무기작)

應物普現前 (응물보현전)
十方所有佛 (시방소유불)
各各現神通 (각각현신통)
毘盧遮那佛 (비르자나불)
一切國土中 (일체국토중)
一毛現神變 (일모현신변)
經於無量劫 (경어무량겁)

平等如虛空 (평등여허공)
盡入一毛孔 (진입일모공)
智眼能觀見 (지안능관견)
願力周法界 (원력주법계)
恒轉無上輪 (항전무상륜)
一切佛同說 (일체불동설)
不得其邊際 (부득기변제)

如此四天下道場中以佛
여차사천하도량중이불

神力十方各有一億世界海
신력시방각유일억세계해

微塵數諸菩薩衆而來集會
미진수제보살중이래집회

應知一切世界海一一四天
응지일체세계해일일사천

下諸道場中悉亦如是
하제도량중실역여시

發 願 文

귀의 삼보하옵고

거룩하신 부처님께 발원하옵나이다.

주　소 : ____________________

전　화 : __________ 불 명 : __________ 성 명 : __________

불기 25 ______ 년 ______ 월 ______ 일